14 janvier 1895

VENTE DES LUNDI 14 & MARDI 15 JANVIER 1895

HOTEL DROUOT, SALLE N° 11

A DEUX HEURES UN QUART

MEUBLES ANCIENS

ET DE

STYLE XVIIIe SIÈCLE

OBJETS D'ART

BRONZES, MARBRES, TABLEAUX

PORCELAINES, FAIENCES

BIJOUX, OBJETS DE VITRINE

TAPISSERIES

Me G. DUCHESNE
COMMISSAIRE-PRISEUR
6, Rue de Hanovre, 6

M. A. BLOCHE
Expert près la Cour d'Appel
28, Rue de Châteaudun, 28

EXPOSITION PUBLIQUE

LE DIMANCHE 13 JANVIER 1895

DE 2 HEURES A 5 HEURES 1/2

IMPRIMERIE ARTISTIQUE

E. MÉNARD & Cie

Bureaux et Ateliers: Paris — 8, Rue Milton

CATALOGUE

DE

MEUBLES ANCIENS

ET DE STYLE XVIIIe SIÈCLE

Commodes, Bureaux, Tables, Vitrines, Encoignures, Sièges
Paravents, Lits, Armoires, Bahuts, Buffets
Coffres, Étagères en bois sculpté et ornés de bronzes

BEAU PIANO DE PLEYEL

Bronzes d'Art & d'Ameublement

Lustres, Appliques, Suspension, Garnitures de Cheminées, Chenets

STATUETTES, GROUPES, ET BUSTES EN MARBRE

Miniatures, Bonbonnières, Bijoux, Objets de Vitrine
Porcelaines, Faïences, Terres cuites
Émaux cloisonnés, Tapisseries, Tentures, Tapis d'Orient
Tableaux anciens et modernes, Aquarelles
Dessins, Gravures

DONT LA VENTE AURA LIEU

HOTEL DROUOT, SALLE N° 11

Les Lundi 14 et Mardi 15 Janvier 1895

A DEUX HEURES 1/4

Me G. DUCHESNE	**M. A. BLOCHE**
Commissaire-priseur	Expert près la Cour d'appel
6, Rue de Hanovre 6,	*28, rue de Châteaudun, 28*

Chez lesquels se distribue le présent Catalogue

EXPOSITION PUBLIQUE

LE DIMANCHE 13 JANVIER 1895

De 2 heures à 5 heures 1/2

CONDITIONS DE LA VENTE

La vente sera faite *expressément* au comptant.

Les acquéreurs payeront en sus des adjudications *cinq pour cent.*

L'exposition mettant le public à même de se rendre compte de l'état des objets, il ne sera admis aucune réclamation une fois l'adjudication prononcée.

Paris. — Imp. E. Ménard & Cie, 8, rue Milton.

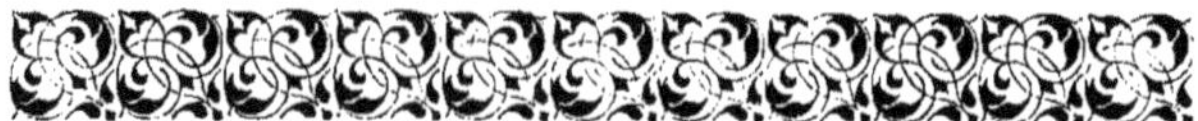

MEUBLES

OBJETS D'ART

1 — Commode en marqueterie de bois de violette et palissandre ornée de bronzes à cariatides de femmes, époque Louis XIV.

2 — Commode à cinq tiroirs en marqueterie de bois garnie de bronzes, dessus en marbre blanc, époque Louis XVI.

3 — Petite table à ouvrage de même travail et de même époque.

4 — Guéridon ovale formant bureau en acajou orné de bronzes, dessus en marbre blanc, époque Louis XVI.

5 — Petite commode forme Louis XV à deux tiroirs en marqueterie de bois à damiers, ornements en bronze, dessus en marbre.

6 — Bureau de dame en bois rose orné de bronzes, garni à l'intérieur de 9 tiroirs et surmonté d'une vitrine bibliothèque, style Louis XV.

7 — Bureau de dame en acajou à moulures guillochées supportant une vitrine à deux vantaux.

8 — Bureau forme à dos d'âne en bois noir garni sur l'abattant d'une applique en bronze.

9 — Commode Louis XVI en acajou à moulures de cuivre, dessus en marbre blanc.

10 — Encoignure Louis XV en bois rose et palissandre à dessus de marbre.

11 — Guéridon en bois noir et marqueterie de bois à fleurs, pied sculpté.

12 — Beau piano droit en palissandre, de Pleyel.

12 *bis* — Secrétaire en bois de noyer et marqueterie, époque Louis XVI.

13 — Tabouret de piano et casier à musique.

14 — Beau coffre-fort de Fichet avec dessus de marbre.

15 — Petite table Renaissance.

16 — Commode Louis XIV avec dessus de marbre.

17 — Paravent en noyer garni en ancienne étoffe Louis XVI, le haut en glace.

18 - Ancienne armoire normande avec portes à glaces, intérieur garni en étoffe.

19 — Petit écran avec feuille en toile peinte représentant trois amours.

20 — Lit bas avec panneau de fond en bois sculpté ancien avec sommier, matelas et deux oreillers.

21 — Fauteuil et deux chaises en noyer garnis en cuir de Cordoue.

22 — Tabouret arabe en nacre.

22 *bis* — Deux fauteuils en tapisserie au point, à sujets mythologiques, bois de noyer, style Louis XIII.

23 — Petit fauteuil d'enfant, noyer et soie ancienne.

24 — Table de toilette recouverte en étoffe Syrienne.

25 — Beau buffet à deux corps en bois sculpté, ouvrant à 4 portes. Epoque Louis XIV.

26 — Beau devant de coffre en bois sculpté à personnages, époque de la Renaissance.

27 — Coffre en bois sculpté.

28 — Fauteuil roulant en bois sculpté, époque Louis XIV.

29 — Deux statues d'anges en bois sculpté.

30 — Chaise Henri II couverte en velours frappé.

31 — Fauteuil Louis XI avec coussin en velours.

32 — Fauteuil Rothschild couvert en velours grenat frappé.

33 — Quatre fauteuils et deux chaises en bois peint du temps de l'Empire, couvertes en satin rose.

34 — Dos à dos en étoffe rouge, dessin blanc, garni de franges.

35 — Fauteuil de l'époque Louis XIII en noyer, couvert de tapisserie, verdure.

36 — Lanterne de vestibule avec cage en cuivre poli.

37 — Fauteuil en noyer sculpté couvert en velours vert rayé.

38 — Lutrin en bois sculpté Louis XIV, pupitres recouverts en damas de soie rouge.

39 — Petite table rectangulaire, partie recouverte de soierie brochée.

40 — Coupe en bronze de Barbedienne avec bas-relief de Lévillain. Signé.

41 — Deux candélabres en cuivre poli à quatre branches, style xve siècle.

42 — Table de forme orientale incrustée de nacre et de bois divers.

43 — Jolie petite étagère d'applique en noyer sculpté, style Renaissance de Leroux.

44 — Table rectangulaire recouverte de velours rouge garni de franges et de galons, style Henri II.

45 — Lanterne de vestibule en cuivre repoussé Louis XIII.

46 — Lampe d'applique en bronze poli, style Louis XIII.

47 — Deux lampes sur trépieds en bronze nickelé, style Louis XIII.

48 — Petit lustre à six lumières en bronze garni de plaquettes, d'étoiles et d'une boule en cristal style Louis XIV.

49 — Suspension de salle à manger en bronze poli à une lampe, système Hinks-Dupleix et vingt bougies, style Renaissance.

50 — Table à jeu bois noir.

51 — Deux glaces non encadrées.

52 — Casier à musique en peluche.

53 — Divers jouets d'enfants.

54 — Support en bois sculpté dans le goût chinois.

55 — Guéridon en acajou, dessus en marbre rouge avec galerie de cuivre Louis XVI.

56 — Cadre doré.

57 — Cinq décorations de portes en velours de lin vert garni de franges.

58 — Deux colonnes en bois, cannelures dorées, style Louis XVI.

59 — Petite jardinière bois sculpté, style Renaissance.

60 — Table en marqueterie hollandaise.

61 – Deux sièges ou marquises bois doré, style Louis XVI couverts en satin noir brodé.

62 — Deux chaises-fauteuils recouverts d'étoffe dans le goût oriental.

63 — Lit de milieu en acajou et filets de cuivre, style Louis XVI, avec sommier.

64 — Quatre appliques forme pyramides avec pendeloques et plaquettes en cuivre et cristaux taillés, style Louis XIV.

65 — Veilleuse à suspendre en cuivre poli, style Louis XIII.

66 — Jardinière de Montigny-sur-Loing, décor bleu turquoise avec figures de nymphes et d'enfants en rondebosse.

67 — Chaise longue Louis XVI.

68 — Fauteuil de bureau.

69 — Bureau en acajou orné de cuivre, style Louis XVI.

70 — Tapisserie verdure animée de personnages.

71 — Dessus de cheminée en tapisserie au petit point et velours.

72 — Cinq couverts en argent.

73 — Beau lustre en ancienne porcelaine du Japon, monture en bronze.

74 — Belle garniture de cheminée en bronze doré composée d'une pendule représentant l'*Enlèvement d'Europe* et deux candélabres à huit lumières supportés par des figures de faunes.

75 — Paire de chenêts en fer forgé avec pelle et pincettes.

76 — Joli bas-relief en marbre blanc, sculpté par L. Madrassi : *Rex Mundi.*

77 — Paire de chenêts en bronze formés par des figurines d'enfants assis sur des rocailles, époque Louis XV.

78 — Paire d'appliques à cinq lumières en bronze à bouquets de fleurs et nœuds de rubans.

79 — Pendule en marbre jaune avec sujet en bronze : *Les adieux du guerrier*, et deux coupes.

80 — Pendule en bronze doré à figures de nymphe et d'amours dans des nuages, style Louis XVI.

81 — Deux petites statuettes en terre cuite : *Le retour des vendanges.*

82 — Deux vases en porcelaine montés en bronze.

83 — Groupe en bronze : Faune pleurant, d'après Clodion.

84 — Paire de chenêts en bronze doré à figures d'enfants, Amour et psyché, style Louis XVI.

85 — Paire de girandoles en bronze argenté à trois lumières, style Louis XVI.

86 — Paire de flambeaux en bronze et marbre à cariatides de femmes, style Empire.

87 — Figurine en Bronze : *La Pêcheuse de moules* de Rancoulet.

88 — Paire de beaux candélabres en bronze doré à figures d'enfants portant des bouquets à trois lumières, style Louis XVI. Modèle de ceux de Fontainebleau.

89 — Deux bustes en bronze doré sur socles en marbre : Voltaire et J.-J Rousseau.

90 — Deux statuettes en bronze: Faune et Bacchante, sur socles en marbre.

91 — Miniature : Mme Victoire de France.

92 — Très belle suspension de salle à manger en cuivre doré au mat à trois lampes et vingt-quatre bougies, style flamand Renaissance. Travail de Gagneau.

93 — Lustre en cuivre à électricité.

94 — Pendule en métal bronzé.

95 — Buste de femme en terre cuite.

96 — Lustre forme jardinière à six lumières.

97 — Lustre à gaz d'antichambre.

98 — Deux chimères japonaises en terre émaillée.

99 — Jardinière en porcelaine blanche, décor à jour.

100 — Bouteille flamande en grès bleuté.

101 — Deux plateaux japonais en porcelaine bleue.

102 — Six assiettes en faïence et porcelaine.

103 — Deux plateaux en faïence de Delft.

104 — Tabouret oriental incrusté.

105 — Deux vases de Satzuma.

106 — Narghilé en cristal, garniture en bois sculpté et émail peint à figures et fleurs. Travail ancien de la Perse.

107 — Narghilé en fer incrusté d'argent, travail du Soudan.

108 — Petit cabinet en vieux laque de Chine.

109 — Cadran solaire avec boussole.

110 — Boîte ronde en laque fin du Japon, décor à feuillages.

111 — Petite boîte plate en ivoire, le couvercle décoré de laque d'or. Travail du Japon.

112 — Cadran solaire en argent ancien ; avec écrin en chagrin clouté d'argent.

113 — Épingle en or avec perle ronde.

114 — Perle Baroque.

115 — Trois perles grises.

116 — Douze boutons de Robe en argent filigrané.

117 — Boîte à allumettes en argent, décor style japonais.

118 — Bague cinq corps en or enrichie de brillants, rubis, émeraudes, saphirs et perles.

119 – Petit vase en bronze du Japon.

120 — Miniature sur ivoire : Dame dans un salon tenant un médaillon, d'après Lawrence. Cadre en bois sculpté à fronton.

121 — Miniature sur ivoire : Portrait de la duchesse de Parme en robe rouge, chapeau à plumes.

122 — Miniature sur ivoire, d'après Fragonard : *La conversation galante*. Cadre en bois sculpté.

123 — Miniature sur ivoire : Portrait d'une princesse polonaise tenant des fleurs.

124 — Miniature de deux personnages, d'après Lancret.

124 *bis* — Bonbonnière avec miniature : Portrait de grande dame.

125 — Petit buste en bronze : Diane, d'après HOUDON.

126 — Petit buste de femme en bronze de BULIO.

127 — Femme couchée, statuette en bronze, d'après PRADIER.

128 — Statuette en bronze patine claire : Amour en prière.

129 — Figurine de femme assise en bronze patine claire, allégorie à la sculpture sur socle en marbre vert.

130 — Amour et psyché, groupe en marbre.

131 — L'Enfant au chat, buste en marbre.

132 — L'enfant au lapin, buste en marbre.

133-134 — Enfants, deux bustes marbre se faisant pendants.

135-136 — Jeunes filles, deux bustes marbre se faisant pendants.

137 — *Le Plaisir*, buste en marbre.

138 — *Le Chagrin*, buste en marbre.

139 — *La Mode*, buste en marbre.

140-141 — *La Mascarade*, deux bustes homme et femme se faisant pendants, en marbre.

142 — Porte-portraits.

143 — *Enfant à l'oiseau*, buste en marbre.

144-145 — *Enfants et oiseaux*. Deux petites statuettes en marbre se faisant pendants.

146 — *La Pêcheuse*, statuette en marbre.

147-148 — Deux colonnes en marbre vert, serpentin.

149 — Groupe en marbre : *Enfants à le tortue* de Francioni.

150 — Coupe sur piédouche en faience de Castelli, décor allégorique à la musique.

151 — Plat creux à bords cintrés en faience de la Frata, décor à volatiles et animaux en bleu et jaune.

152 — Plat rond en faïence de Rhodes, décor à ornements en polychrome.

153 — Miniature ovale représentant la reine Marie-Antoinette, cadre doré avec fronton.

154 — Miniature ovale, portrait de la duchesse de Devonshire.

155 — Miniature : Mlle Mars, dans un écrin en bois noir sculpté.

156 — Miniature rectangulaire : la reine Marie-Antoinette assise tenant un livre à la main d'après Hensius.

157 — Miniature ronde : portrait de Mme Henriette de Bourbon-Conti, duchesse d'Orléans,

158 — Miniature ronde : la Marquise de Castellane.

159 — Grande bonbonnière ornée d'une miniature : Mme de Pompadour.

160 — Bonbonnière ornée d'une miniature : portrait de femme en costume Louis XVI.

161 — Bonbonnière ornée d'une miniature sur ivoire.

162 — Étui à or en ivoire orné d'une miniature.

163 — Miniature sur ivoire : sujet d'après MOREAU.

164 — Miniature sur ivoire : Baigneuse d'après CHARLIER.

165 — Miniature sur ivoire : la Bouquetière.

166 — Miniature sur ivoire : sujet galant d'après MOREAU.

167 — Paire de vases anciens cloisonnés.

168 — Bol en cloisonné ancien.

169 — Beau plat en ancienne porcelaine de Chine famille verte.

170 à 177 — Huit coupes et plats en émail cloisonné de Chine.

178 — Deux perroquets en ancienne porcelaine de Chine.

179 — Vase en ancienne porcelaine de Chine, famille rose.

180 — Potiche en ancienne porcelaine de Chine.

181 — Vase en ancienne porcelaine de Chine, décor fleurs de pêcher.

182 — Vase en porcelaine de Chine ancienne, décor bleu sur blanc.

183 — Vase plus grand, même décor.

184 — Vase en ancienne porcelaine de Chine, décor fleurs de pêcher.

185 — Vase en vieux Chine décor bleu sur blanc.

186 — Vase en vieux Chine, même décor.

187 – Cinq personnages en faïence.

188-190 — Vases, cendriers, porte-menus en métal.

191 — Vasque en porcelaine du Japon décor bleu sur blanc sur support en bois.

192 — Paire de vases en cloisonné du Japon.

193 — Porte-manteaux en métal.

194-198 — Cinq ibis en bronze.

199 — Gong en bronze.

200 — Koro en bronze du Japon, anses formées par des serpents.

201 — Koro en bronze du Japon.

202 — Bouteille en bronze à fleurs et oiseaux.

203 — Bouddah ancien du Japon.

204 — Bouddah assis du Japon.

205 — Jardinière de Kaga à fleurs et oiseaux.

206-208 — Trois coupes en faïence ancienne.

209-211 — Trois vases en faïence de Chine.

212 — Vase en ancienne porcelaine de Chine, fond gris.

213 — Paire de vases en porcelaine de Chine.

214 — Paire de vases en porcelaine de Chine.

215 — Paire de vases en porcelaine de Chine.

216-220 — Cinq trousses en ancienne broderie de Chine.

221 — Paire de vases en bronze vert, style grec.

222 — Paire de vases en bronze du Japon ornés d'éléphants.

223 — Personnage en ancien grès de Chine.

224 — Grande vasque en ancien grès de Chine.

225-229 — Dix vases en bronze du Japon.

230 — Deux koros en bronze du Japon, patine claire.

231 — Théière en bronze.

232-238 — Sept animaux en faïence.

239 — Grand tapis d'Orient, dessin polychrome.

240 — Grand tapis de Smyrne rouge à dessin polychrome.

241-244 — Quatre tapis d'Orient anciens.

245 — Couvre-lit en peluche vieux rose, broderie vieil or.

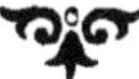

TABLEAUX

BACK (A.)

246 — *Manon Lescaut sur la route du Havre.* Importante composition.

(Signé à gauche et daté 81)

BERTIN (Alexandre)

247 — *Jeune paysanne.*

BOSC

248 — *La femme aux fagots.*

BOUCHER (école de)

249 — *Amours moissonneurs.*

Cadre en bois sculpté.

BOYER

250 — *Sous bois.*

COROT (genre de)

251 — *Bord de rivière.*

DALIPHARD (F.)

252 — *Uue rue de faubourg.*

DAUBIGNY (d'après)

253 — *Une ferme.*

DEBRAS

254 — *Paysage.*

Pastel.

DECAMPS (école de)

255 — *Chevaux à la porte d'une écurie.*

DELATOUR

256 — *Portrait d'homme.*

Pastel.

FRAGONARD (école de)

257 — *Femme dans un intérieur.*

Petite gouache. Cadre en bois sculpté.

HUET (école de)

258 — *Pastorale.*

Grande gouache.

FRENCH (S.)

259 — *Le pansage.*

Dessin.

GAVARNI

260 — *Mascarade une nuit de Mardi Gras.*

HENRY (Paul)

261 — Étude de femmes.

Pastel.

HUBER (E.)

262 — *Vue d'Algérie.*

J. S.

263 — *Militaire sous la Révolution.*

Aquarelle.

LALORISSE (H.)

264 — *Charge de cavalerie.*

Dessin.

LOTTIER

265 — *Vues d'Orient.*

266 — Deux pendants.

MASSON (Benedict)

267 — Portrait de femme.

MASSON (P.)

268 — *Déesse et amour dans un paysage.*

269 — *Jeune fille avec chevreau dans un paysage.*

MILLET (d'après J.-F.)

270 — *Laitière.*

Dessin.

PETTITT

271 — *Forêt de Fontainebleau.*

PIOT

272 — Figure de femme assise.

Étude à la gouache.

REGNAULT (Henri)

273 — Croquis pris à Alicante.

Jules ROMAIN (attribué à)

274-275 — *Un Triomphe.*

Deux pendants.

ROY (A.)

276 — *Dans la forêt.*

RUYSDAEL (d'après)

277 — *Paysage montagneux.*

VAUTIER

278 — *Femme portant du linge dans un pré.*

Pastel.

VAUTIER

279 — *Laveuse.*

Pastel.

VIGER (P.)

280 — *Paysage.*

WATTEAU (école de)

281 — *Jeune homme pinçant de la guitare devant une dame dans un jardin.*

ÉCOLE FRANÇAISE

281 — *Paysages.*

Deux aquarelles.

ÉCOLE FRANÇAISE

282 — *Portrait d'homme.*

Pastel.

ÉCOLE FRANÇAISE

283-284 — *Portraits de femmes.*

Deux pastels.

ÉCOLE FRANÇAISE

285 — *Portrait de Mme Adélaïde de France, fille de Louis XV.*

Pastel.

Cadre ancien en bois sculpté et doré.

ÉCOLE FRANÇAISE

286 — *Portrait de jeune fille dessinant.*

ÉCOLE FRANÇAISE

287 — *La conversation.*

ÉCOLE FRANÇAISE

288 — *L'écolière.*

ÉCOLE HOLLANDAISE

289 — *Paysages.*

Deux petits panneaux se faisant pendants.

ÉCOLE MODERNE

290 — *Bords de la mer.*

ÉCOLE MODERNE

291-294 — Quatre petits panneaux.

Sujets divers.

ÉCOLE MODERNE

295 — *Portrait de femme.*

Cadre bois sculpté.

ÉCOLE MODERNE

296 — *Tempête.*

297 — Trois petites gouaches rondes : *Monuments antiques.*

298 — Gravure par DE JODE, d'après VAN DYCK. *Portrait de Philippe IV.*

299 — Cinq gravures anciennes et modernes.

300-319 — Environ deux cent-dix gravures et dessins anciens et modernes.

320 — Objets omis.

www.ingramcontent.com/pod-product-compliance
Ingram Content Group UK Ltd.
Pitfield, Milton Keynes, MK11 3LW, UK
UKHW020513180726
13839UKWH00005B/2068